BEI GRIN MACHT SICH IHR WISSEN BEZAHLT

- Wir veröffentlichen Ihre Hausarbeit, Bachelor- und Masterarbeit

- Ihr eigenes eBook und Buch - weltweit in allen wichtigen Shops

- Verdienen Sie an jedem Verkauf

Jetzt bei www.GRIN.com hochladen und kostenlos publizieren

Entwicklung von Intelligenzmodellen und Methoden zur Intelligenzdiagnostik

Rafaela Stranz

Bibliografische Information der Deutschen Nationalbibliothek:

Die Deutsche Nationalbibliothek verzeichnet diese Publikation in der Deutschen Nationalbibliografie; detaillierte bibliografische Daten sind im Internet über http://dnb.d-nb.de abrufbar.

ISBN: 9783346579195
Dieses Buch ist auch als E-Book erhältlich.

Das Buch bei GRIN: https://www.grin.com/document/1169046

**Entwicklung von Intelligenzmodellen und
Methoden zur Intelligenzdiagnostik**

Inhaltsverzeichnis

1. Einleitung

Seit den Anfängen der Psychologie zählt die menschliche Intelligenz zu den zentralen Forschungsfeldern. Die Entwicklung von Intelligenztheorien reicht bis in das frühe 20. Jahrhundert zurück und ist seither stetig vorangeschritten.

Im Verlauf der vergangenen Jahrzehnte konnten zunehmend fortschrittliche Intelligenzmodelle entwickelt werden, welche fortwährend einen erheblichen Einfluss auf die Forschung und die Messung von Intelligenz nehmen. Inzwischen haben sich gefestigte Modelle der menschlichen Intelligenz in der Gesellschaft etabliert. Der aktuelle Erkenntnisstand legt nahe, dass sich der Intelligenzbegriff nicht nur auf einen Faktor zurückführen lässt, sondern mehrere Faktoren die intellektuellen Fähigkeiten festlegen (Neubauer & Stern, 2016).

Außerdem steht das Gebiet der Intelligenzdiagnostik momentan im Fokus der wissenschaftlichen Aufmerksamkeit. Die Anwendungsfelder sind vielfältig. So wird sie beispielsweise für Eignungstests in der Schulpsychologie oder zur Messung der Schuldfähigkeit in der forensischen Psychologie genutzt. An die aktuellen Intelligenztheorien angepasste Intelligenztests bieten die Möglichkeit einer objektiven Einschätzung der persönlichen Fähigkeiten, was einen positiven Effekt auf verschiedene Bereiche des Lebens nehmen kann.

Die Thematik gewinnt zunehmend an öffentlichem Interesse. Viele Menschen streben Intelligenz als Persönlichkeitsmerkmal an. Ob in privater, sozialer oder beruflicher Hinsicht, häufig zählt Intelligenz als Erfolgsmerkmal. In Deutschland gilt sie zudem als Fundament einer geistreichen und zukunftsorientierten Gesellschaft.

Ziel der vorliegenden Arbeit ist es, einen Überblick über die Entwicklung von Intelligenzmodellen und Methoden zur Intelligenzdiagnostik zu schaffen. Dies erfolgt anhand der Darstellung einiger Intelligenzmodelle, welche die Intelligenzforschung maßgeblich beeinflusst haben. Des Weiteren werden relevante Testmöglichkeiten zur Messung der menschlichen Intelligenz beschrieben.

2. Definitionsansatz des Intelligenzbegriffs

Die Intelligenz ist ein theoretisches Konstrukt, für welches keine allgemein gültige Definition vorliegt. Während einige Wissenschaftler die Intelligenz als eine allgemeine Grundfähigkeit charakterisieren, bewerten sie Andere als Komplex mehrerer zusammenhängender Faktoren (Eid & Petermann, 2006, S. 494 f.).

Die Intelligenz umfasst „unter anderem die Fähigkeit zum schlussfolgernden Denken, zum Planen, zum Problemlösen, zum abstrakten Denken, zum Verstehen komplexer Ideen, zum raschen Auffassen und zum Lernen aus Erfahrung" (Gottfredson, 1997, S. 13). Auf diesen Definitionsansatz konnten sich führende Intelligenzforscher im Jahr 2012 einigen. Kritiker bemängeln die Unklarheit dieses Ansatzes, denn die Vorschriften einer exakten wissenschaftlichen Definition werden nicht erfüllt. Dennoch liefert er eine Beschreibung einiger geistiger Anforderungen, welchen der Mensch beizukommen hat (Neubauer & Stern, 2016).

3. Intelligenzmodelle

Schon in den Anfängen des 19. Jahrhunderts beschäftigten sich Psychologen und andere Wissenschaftler mit der Frage, welche Faktoren der menschlichen Intelligenz zugrundeliegen. Intelligenzmodelle sind die Basis der Intelligenzdiagnostik, welche statistische Beziehungen zwischen den verschiedenen Maßen geistiger Fähigkeiten untersucht und aufgrund dessen die Beschaffenheit der menschlichen Intelligenz beschreibt (Gerring, 2016, S. 348).

Im folgenden Kapitel werden anerkannte Intelligenzmodelle aufgezeigt, welche als Grundlage der Intelligenzforschung fungieren. Dies erfolgt anhand der Darstellung einiger faktorenanalytischer Intelligenztheorien in geschichtlicher Reihenfolge. Des Weiteren werden die Triarchische Intelligenztheorie nach Sternberg und die Theorie der multiplen Intelligenzen nach Gardener erläutert, da diese in der heutigen Intelligenzwissenschaft von Bedeutung sind (Neubauer & Stern, 2016).

3.1 Faktorenanalytische Intelligenzmodelle

Intelligenztheorien liegt häufig der faktorenanalytische Ansatz zugrunde. Dabei wird aus verschiedenen unabhängigen Variablen eine bestimmte Anzahl an Faktoren geschlossen, um die fundamentalen psychologischen Dimensionen statistisch festlegen zu können (Gerring, 2016, S. 349).

3.1.1 Zwei-Faktoren-Theorie nach Spearman

Der Psychologe Charles E. Spearman erarbeitete den faktorenanalytischen Ansatz zur Entwicklung seiner Zwei-Faktoren-Theorie, welche im Jahr 1904 als erstes Intelligenzmodell veröffentlicht wurde.

Die Zwei-Faktoren-Theorie geht davon aus, dass jeder Mensch einen allgemeinen Faktor an Intelligenz besitzt, den Generalfaktor der Intelligenz (g-Faktor). Hinzu kommen bereichsspezifische Fähigkeiten (s-Faktoren), die in Verbindung mit verschiedenen Teilgebieten der Intelligenz stehen. Demnach setzt sich jede intellektuelle Leistung aus dem g-Faktor sowie einem s-Faktor zusammen. Das Modell fungiert als Basis zahlreicher Intelligenztheorien (ebd., 2016, S. 349).

3.1.2 Modell der Primärfaktoren nach Thurstone

Der Psychologe und Ingenieur Louis L. Thurstone entwickelte unter Einbezug der Faktorenanalyse das Modell der Primärfaktoren, welches er im Jahr 1938 publizierte.

Dieses Intelligenzmodell beschreibt sieben voneinander unabhängige Primärfähigkeiten, welche die Intelligenzleistung einer Person festlegen. Umfasst werden (1) das verbale Verständnis, (2) die Wortflüssigkeit, (3) das logische Denken, (4) das räumliche Vorstellungsvermögen, (5) die Merkfähigkeit, (6) die Rechenfähigkeit und (7) die Wahrnehmungsgeschwindigkeit. Der von Spearman beschriebene g-Faktor wird im Modell der Primärfaktoren nach Thurstone nicht berücksichtigt.

Zur Lösung einer jeden mentalen Aufgabe sind die Primärfaktoren in unterschiedlichen Anteilen bedeutend (Wewetzer, 1984, S. 21 f.). Heute findet das Intelligenzmodell wiederkehrend Anwendung in verschiedenen Bereichen der Intelligenzdiagnostik. Einige anerkannte Intelligenztests basieren auf Thurstones Modell (Eid & Petermann, 2006, S. 495).

3.1.3 Intelligenzstrukturmodell nach Guilford

Der Psychologe Joy P. Guilford erweiterte 1961 die geltenden Modelle der Intelligenzforschung um sein Intelligenzstrukturmodell, in welchem eine möglichst hohe Anzahl an intellektuelle Fähigkeiten erfasst werden sollte (Wewetzer, 1984, S. 30).

Sein Modell beschreibt insgesamt 120 voneinander unabhängige Einzelfaktoren der Intelligenz. Zum Feststellen dieser Faktoren waren eine Reihe unterschiedlicher Untersuchungen erforderlich. Aufgrund der ausführlichen Analyse sollten die einzelnen Bereiche möglichst repräsentativ abgedeckt werden können. Die Einzelfaktoren sind in drei Einheiten unterteilt: in (1) Denkoperationen, (2) Denkprodukte und (3) Denkinhalte.

Die Denkoperationen umfassen z. B. das Gedächtnis oder die Kognition. Zu den Denkprodukten zählen u. A. Einheiten oder Beziehungen und die Denkinhalte können beispielsweise symbolisch oder verhältnismäßig sein (ebd., S. 31 f.).

3.1.4 Modell der fluiden und kristallinen Intelligenz nach Cattell

Der Psychologe Raymond B. Cattell fasste im Jahr 1971 die Zwei-Faktoren-Theorie nach Spearman auf und unterteilte den g-Faktor in zwei charakteristische Bereiche: (1) die fluide und (2) die kristalline Intelligenz.

Bei der fluiden Intelligenz handelt es sich um die genetisch bedingte Fähigkeit zum komplexen Schlussfolgern und abstrakten Problemlösen. Die Messung der fluiden Intelligenz erfolgt z. B. anhand von räumlichen Anordnungen.

4

Die kristalline Intelligenz umfasst das erworbene Wissen und die Fähigkeit, auf dieses in konkreten Problemsituationen zugreifen zu können. Gemessen wird die kristalline Intelligenz u. A. mittels Kopfrechenaufgaben (Gerring, 2016, S. 349).

Basierend auf dem Modell der fluiden und kristallinen Intelligenz entwickelte Cattell den Culture Fair Intelligence Test, welcher sich aufgrund seiner nicht sprachgebundenen Form zur kulturübergreifenden Intelligenzmessung eignet (Eid & Petermann, 2006, S. 495). In Kapitel 4.2.3 erfolgt eine Beschreibung des Culture Fair Intelligence Tests, wie er heute in Deutschland angewandt wird.

3.1.5 Berliner Intelligenzstrukturmodell nach Jäger

Adolf O. Jäger vereinte im Jahr 1982 die beschriebenen Intelligenztheorien in dem heute international bekannten Berliner Intelligenzstrukturmodell (BIS).

Dabei wird angenommen, dass sich die allgemeine Intelligenz aus sieben Fähigkeiten zusammen setzt, welche in operative und inhaltliche Fähigkeiten unterteilt werden können. Die operativen Fähigkeiten umfassen verschiedene Denkoperationen. Dazu gehören (E) Einfallsreichtum, (M) Merkfähigkeit, (B) Bearbeitungsgeschwindigkeit und (K) Verarbeitungskapazität. Unter die inhaltlichen Fähigkeiten fallen (F) das figural-bildhafte Denken, (N) das numerische Denken sowie (V) das verbale Denken. All diese Fähigkeiten sind an jeder Intelligenzleistung in unterschiedlicher Gewichtung beteiligt (Technische Universität Dresden, 2019).

Aufbauend auf dem BIS erarbeitete Jäger mithilfe seiner Kollegen André Beauducel und Heinz-Martin Süß den Berliner Intelligenzstruktur-Test, dessen weiterentwickelte Version heute zu den am häufigsten angewandten Methoden zur Intelligenzmessung in Deutschland gehört (Eid & Petermann, 2006, S. 497). Dessen Ablauf und Auswertung werden in Kapitel 4.2.1 beschrieben.

Schlussfolgernd ist festzustellen, dass sich die aufgeführten Intelligenzmodelle in der Anzahl sowie im Inhalt der angenommenen Faktoren unterscheiden. Obwohl den jeweiligen Theorien verschiedene Testverfahren und Untersuchungen zugrunde liegen, lassen sich Affinitäten beobachten. So weisen die beschriebenen Modelle auf eine hierarchische Strukturierung der kognitiven Fähigkeiten hin. Als Grundlage fungiert dabei eine allgemeine Intelligenz. Auf untergeordneten Hierarchieebenen finden sich bereichsspezifische Faktoren, welche je nach Theorie stark variieren. Aus den Gemeinsamkeiten lässt sich schließen, dass jede Intelligenzleistung von der allgemeinen sowie der spezifischen Intelligenz beeinflusst wird (Eid & Petermann, 2006, S. 495 f.).

3.2 Triarchische Intelligenztheorie nach Sternberg

Der Psychologe Robert J. Sternberg entwickelte in den 1980er Jahren die triarchische Intelligenztheorie, welche teilweise auf Cattells Modell der fluiden und kristallinen Intelligenz basiert. Laut Sternberg drückt sich die menschliche Intelligenz primär durch den persönlichen Erfolg aus und ist in drei Bereiche unterteilbar: (1) die analytische, (2) die kreative und (3) die praktische Intelligenz (Stangl, 2019).

Die analytische Intelligenz erfasst die fundamentalen informationsverarbeitenden Fähigkeiten, anhand derer der Mensch seinen Alltag bewältigt. Relevant dabei sind die Faktoren, die dem Denken zugrunde liegen. Hauptsächlich werden sie zum Wissenserwerb und zur Ausführung von Wissen sowie die megakognitive Komponente genutzt, welche zur Auswahl von Strategien zur Problemlösung beiträgt. Dabei variiert der Einsatzanteil der einzelnen Komponenten.

Die kreative Intelligenz beschreibt die Fähigkeit, mit neuen Problemsituationen umgehen und kreative Erfindungen und Hypothesen entwickeln zu können (Gerring, 2016, S. 394 f.).

Die praktische Intelligenz bezieht sich auf „die Fähigkeit, sich an neue und veränderte Umstände (Kontexte) anzupassen, geeignete Umstände zu identifizieren und die Umwelt bedürfnisgerecht zu gestalten" (ebd., S. 350).

3.3 Theorie der multiplen Intelligenzen nach Gardener

Howard E. Gardener, ein Wissenschaftler und Professor für Kognition, Pädagogik und Psychologie, beschrieb in den 1980er Jahren die Theorie der multiplen Intelligenzen. Dabei wird von mehreren voneinander unabhängigen Intelligenzarten ausgegangen, mittels welcher sich jeder Mensch in die verschiedenen Intelligenzbereiche einordnen kann (Stangl, 2019).

Basierend auf umfangreichen psychologischen Forschungsarbeiten beschreibt Gardener in seinem Modell mindestens acht verschiedene Intelligenzen. Dabei geht jeder Intelligenztyp mit einer jeweiligen Kernkomponente einher, welche im Folgenden beschrieben werden.

(1) Die logisch-mathematische Intelligenz umfasst die Fähigkeit zum abstrakten und symbolischen Denken. (2) Die linguistische Intelligenz qualifiziert zur Handhabung der Sprache. (3) Ein sorgsamer Umgang mit Aspekten der Natur bedingt die naturalistische Intelligenz. (4) Um Musik komponieren und verstehen zu können, ist die musikalische Intelligenz erforderlich. (5) Die räumliche Intelligenz umfasst die Fähigkeit zum Abschätzen räumlicher Verhältnisse. (6) Die Planung und das Verständnis von Bewegungssequenzen benötigt die körperlich-kinästhetische Intelligenz. (7) Die interpersonale Intelligenz beschreibt die Fähigkeit zur Interaktionen mit anderen Menschen, während die intrapersonelle Intelligenz das Verstehen der eigenen Person darstellt. (8) Die existenzielle Intelligenz umfasst das Philosophieverständnis eines Menschen (Gerring, 2016, S. 351). Laut Gardener ergibt sich menschlich kompetentes Verhalten ausschließlich durch ein Zusammenspiel der unterschiedlichen Intelligenzen (Stangl, 2019).

Aktuell befasst sich die Intelligenzforschung mit der Erweiterung der Theorie um die emotionale Intelligenz, welche das Verstehen von Emotionen umfasst. Außerdem beschreibt sie die Fähigkeit zum Regulieren der eigenen Emotionen, um geistiges Wachstum aufzubauen. Sie befähigt zusätzlich zur emotionalen Unterstützung von Denkprozessen sowie den Umgang mit emotionalem Wissen (Gerring, 2016, S. 352).

4. Intelligenzdiagnostik

Die Psychologische Diagnostik beschreibt die Messung interindividueller Differenzen in verschiedensten Bereichen des Lebens. Anhand festgelegter Testverfahren werden die Fähigkeiten, Verhaltensweisen und Persönlichkeitseigenschaften einer Person bewertet. Grundvoraussetzung für eine psychologische Diagnostik sind drei Merkmale, die vom Testinstrument erfüllt sein müssen: Reliabilität, Validität sowie Normen und Standardisierung (Gerring, 2016, S. 336 f.).

Die Intelligenzdiagnostik bestimmt die interindividuellen Unterschiede im Bereich der menschlichen Intelligenz. Zur Messung dieser Differenzen werden Intelligenztests genutzt, welche den oben genannten Merkmalen entsprechen müssen. Die Intelligenzdiagnostik findet z. B. in der Schulpsychologie Anwendung, um Aussagen über die weitere Schullaufbahn und Maßnahmen zur optimalen Förderung treffen zu können (Eid & Petermann, 2006, S. 294).

4.1 Intelligenzquotient

Der Intelligenzquotient (IQ) misst die Intelligenz einer Person in einem Zahlenwert, welcher an Mittelwert und Streuung einer entsprechenden Vergleichsgruppe standardisiert ist. Gewöhnlich sind die Ergebnisse eines IQ-Tests normalverteilt. Dabei beträgt der Mittelwert meist 100 und die Standardabweichung 15. Demzufolge wird ein IQ zwischen 85 und 115 als durchschnittlich eingestuft. Weicht der IQ weiter ab, ist er bereits als außergewöhnlich niedrig bzw. hoch zu beurteilen (ebd., S. 499).

Lange Zeit wurde ausschließlich der IQ als Maßstab für die Intelligenz einer Person gehandhabt. Unter der Fortentwicklung von Intelligenztheorien kam die Wissenschaft zunehmend zu der Erkenntnis, dass sich der Intelligenzbegriff nicht auf einen einzigen Faktor zurück führen lässt, sondern vielerlei Faktoren entscheidend sind (Rupp, 2019).

4.2 Intelligenztests

Eine Vielzahl an Wissenschaftlern, welche Theorien über die menschliche Intelligenz aufgestellt haben, versuchten sich zusätzlich an der Konstruktion von Messmethoden (Wewetzer, 1984, S. 43). Bereits im Jahr 1905 wurde der auf empirisch-mathematischen Untersuchungen beruhende Binet-Simon-Test als erster Intelligenztest von Alfred Binet und Théodore Simon veröffentlicht. Seither wurden die Messmethoden, parallel zu den Intelligenzmodellen, stetig weiterentwickelt (Eid & Petermann, 2006, S. 294).

Zur Messung der menschlichen Intelligenz gibt es zahlreiche Testverfahren, welche die statistischen Beziehungen zwischen den verschiedenen Maßen geistiger Fähigkeiten untersuchen (Gerring, 2016, S. 341). Grundsätzlich wird die Aufgabenstellung in einem Intelligenztest so gewählt, dass ihr Schwierigkeitsgrad eine individuelle Streuung zulässt. Anhand dieser können später die Daten analysiert und die Ergebnisse ausgewertet werden (Wewetzer, 1984, S. 43 f.).

In Deutschland werden hauptsächlich zwei Methoden zur Intelligenzdiagnostik angewandt: Der Berliner Intelligenzstruktur-Test, Version 4 (BIS-4) und der Wechsler-Intelligenztest für Erwachsene, Version 4 (WAIS-IV) (Neubauer & Stern, 2016). Aufgrund deren großer Relevanz, werden diese beiden Testverfahren im weiteren Verlauf des Textes dargelegt. Infolgedessen wird der kulturübergreifenden Culture Fair Intelligence Test, Skala 2 (CFT-20 R) als non-verbale Alternative beschrieben.

4.2.1 Berliner Intelligenzstruktur-Test

Der BIS-4 wird seit 1997 in Deutschland angewandt und erfasst neben der allgemeinen Intelligenz sieben bereichsspezifische Fähigkeiten, welche im Zusammenhang mit dem ihm zugrundeliegenden BIS in Kapitel 3.1.5 bereits beschrieben wurden (Eid & Petermann, 2006, S. 500).

Verschiedene Intelligenzleistungen werden anhand von 45 repräsentativ ausgewählten Aufgabentypen erfasst, welche vielseitig und abwechslungsreich angeordnet sind. Diese verteilen sich in die zwölf Flächen der in Abb. 1 ersichtlichen Matrix des BIS.

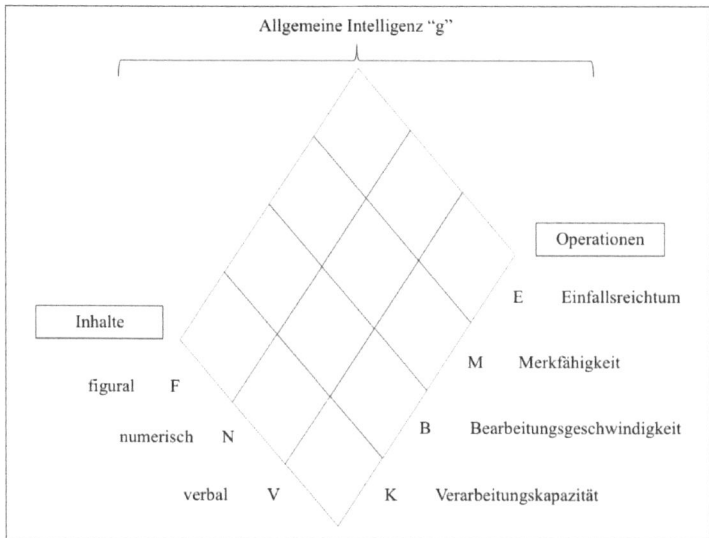

Abb. 1: Berliner Intelligenzstrukturmodell (nach Jäger, 1982)

Besonders zu beachten ist die operative Fähigkeit (E) Einfallsreichtum, denn im Vergleich zu analogen Intelligenztests schließt der BIS-4 kreative Aspekte in die Intelligenzmessung ein.

Die reguläre Bearbeitungszeit des Tests liegt bei etwa 140 Minuten. Die Auswertung verläuft anhand von Normskalen und liefert einen Überblick über die allgemeine Intelligenz sowie die Verarbeitungskapazität der Probanden. Der Test ist für Personen ab 16 Jahren konzipiert (Beaducel, Jäger & Süß, 1997, S. 12 ff.).

4.2.2 Wechsler-Intelligenztest für Erwachsene

Der WAIS-IV in seiner aktuellen Form wird in Deutschland seit 2012 zur Intelligenzmessung angewandt. Sein Ursprung reicht bis in die Mitte des 20. Jahrhunderts zurück, als der Psychologe David Wechsler erstmals den Hamburg-Wechsler-Intelligenztest konstruierte. Dieser wurde im Jahr 1991 zum Hamburg-Wechsler-Intelligenztest für Erwachsene revidiert und ist seither ein fester Bestandteil der Intelligenzdiagnostik. Mehrmals wurde er überarbeitet und an den aktuellen Stand der Intelligenzforschung angepasst. Die aktuelle Version des Tests, der WAIS-IV, wurde im Jahr 2012 veröffentlicht. Er erfasst neben der allgemeinen Intelligenz eine Reihe bereichsspezifischer Faktoren (Stangl, 2019).

Der WAIS-IV stellt sich aus zehn Untertests zusammen, welche in folgende vier Testeinheiten unterteilt werden können: (1) Das Sprachverständnis, (2) das Arbeitsgedächtnis, (3) das wahrnehmungsgebundene logische Denken und (4) die Verarbeitungsgeschwindigkeit. Wie in Abb. 2 ersichtlich ist, führen die spezifischen Fähigkeiten zur Gesamtintelligenz einer Person (Petermann, 2012, S. 14 f.).

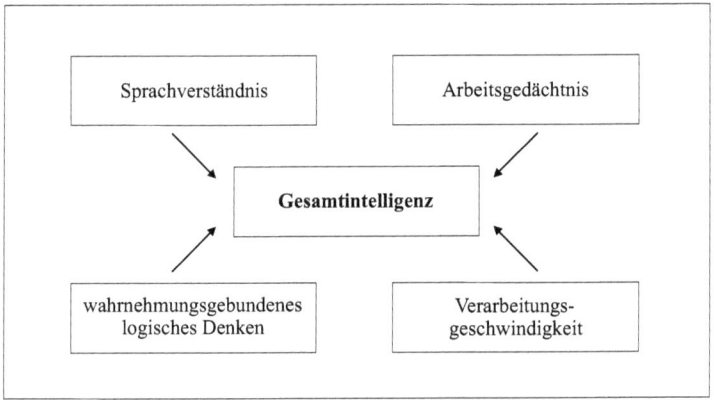

Abb. 2: Wechsler-Intelligenztest für Erwachsene IV (nach Petermann, 2012).

Das Sprachverständnis wird im WAIS-IV anhand von drei Untertests erfasst, z. B. durch den „Wortschatz-Test". Die Aufgabe der Testperson ist es, vorgegebene Wörter innerhalb eines begrenzten Zeitraums korrekt zu erläutern. Die Untersuchung des Arbeitsgedächtnis erfolgt mittels zweier Untertests. Beim „Rechnerischen Denken" werden beispielsweise unter Zeitdruck Kopfrechenaufgaben gelöst. Anhand von zwei weiteren Untertests wird das wahrnehmungsgebundene logische Denken ermittelt. Z. B. wird den Teilnehmenden beim „Matrizen-Test" eine unvollständige Matrix vorgelegt, welche aus mehreren Auswahlmöglichkeiten korrekt vervollständigt werden soll. Zur Erfassung der Verarbeitungsgeschwindigkeit erfolgen zwei Untertests, z. B. die „Symbol-Suche". Die Testperson sucht in einer Abbildung verschiedener abstrakter

Symbole unter Zeitdruck nach einem festgelegten Zielsymbol. Zusätzlich kann an fünf opelrationalen Untertests teilgenommen werden, welche sich auf die Testeinheiten verteilen (Petermann, 2012, S. 27 ff.).

Der WAIS-IV beansprucht etwa 90 Minuten. Unter Einbezug der opelrationalen Untertests ist von einer etwa 115 minütigen Bearbeitungsdauer auszugehen. Zur Ermittlung der Testergebnisse werden diese mittels Umrechnungstabellen normiert. Es erfolgt die Bestimmung des IQ sowie eine differenzierte Einschätzung des Intelligenzniveaus anhand der erreichten Punktzahl in den jeweiligen Aufgaben. Der WAIS-IV beschränkt sich auf die Intelligenzmessung für Personen im Alter von 16 bis 74 Jahren. Für Kinder und Jugendliche von sechs bis 16 Jahren wurde eine altersgerecht angepasste Testform entwickelt (Stangl, 2019).

4.2.3 Culture Fair Intelligence Test

Der CFT-20 R in seiner aktuellen Version wird seit 2006 zur Intelligenzmessung in Deutschland genutzt. Die erste Fassung des Tests wurde in den 1950er Jahren von Cattell erarbeitet und seither stetig weiterentwickelt. Er basiert auf dem in Kapitel 3.1.4 beschriebenen Modell der fluiden und kristallinen Intelligenz nach Cattell, wobei der CFT-20 R vorrangig die fluide Intelligenz einer Person erfasst (Gruber & Tausch, 2015, S. 403).

Die Besonderheit an diesem Intelligenztest ist die Tatsache, dass aufgrund der non-verbalen Aufgabenstellung weder rückständige Kulturkreise, noch Personen mit schlechten Sprachkenntnissen oder niedrigem sozialen Status benachteiligt werden. Da auf Sprache und Kulturtechniken verzichtet wird, steht die kulturunabhängige Intelligenzleistung der Probanden im Vordergrund (Weiß, 2006, S. 12).

Der CFT-20 R ist in zwei Testteile mit jeweils vier Untertests aufgebaut, welche innerhalb eines festgelegten Zeitraums bearbeitet werden müssen: (1) „Reihen fortsetzen", (2) „Klassifikation", (3) „Matrizen" und (4) „topologisches Schlussfolgern".

Bei dem Untertest „Reihen fortsetzen" liegt den Teilnehmenden z. B. eine bestimmte Musterabfolge vor, welche fortgesetzt werden soll. Dabei kann die passende Lösung aus verschiedenen Auswahlmöglichkeiten gewählt werden. Der Untertest „Klassifizieren" beinhaltet z. B. eine Aufgabe, bei welcher die Probanden ein Muster aus einer Musterabfolge ausschließen sollen, das nicht in die abgebildete Reihe passt. Im Untertest „Matrizen" soll z. B. eine vorliegende Matrix vervollständigt werden. Beim Untertest „topologisches Schlussfolgern" liegt den Testpersonen z. B. eine willkürliche Anordnung festgelegter Formen vor. Aus einer Auswahl an verschiedenen Abbildungen soll jene herausgesucht werden, welche die festgelegten Formen in ungleicher Anordnung widerspiegelt (Weiß, 2006, S. 33 ff.). Wahlweise können die Ergänzungstests „Wortschatz" und „Zahlenfolgen" bearbeitet werden, welche jedoch unabhängig von der regulären Version des Tests erfasst und separat ausgewertet werden (ebd., S. 39).

Die Bearbeitungsdauer beläuft sich auf etwa 60 Minuten. Der Test eignet sich für Personen im Alter von 8,5 bis 60 Jahren (Weiß, 2006, S. 14). Dem CFT-20 R liegen Altersnormen vor, anhand welcher die Testergebnisse ausgewertet werden. Die Testleistung von Schülerinnen und Schülern werden zusätzlich mittels normierter Klassenstufen bestimmt. Die Auswertung bietet eine kulturunabhängige Einschätzung der intellektuellen Fähigkeiten. Der Test ist so konzipiert, dass eine durchschnittlich intelligente Personen in ihrer Alters- und Klassenkategorie einen IQ von etwa 100 erreicht (Gruber & Tausch, 2015, S. 403).

5. Schlussfolgerung

Zusammenfassend ist festzuhalten, dass das psychologische Konstrukt Intelligenz zahlreiche Forschungsansätzen hervorbringt. In den vergangen Jahrzehnten konnten zunehmend fortschrittliche Intelligenztheorien aufgestellt werden, welche den Bereich der Intelligenzdiagnostik fortwährend vorantrieben. Die vorliegende Arbeit schafft einen Überblick über einige bedeutende Intelligenzmodelle und zeigt zudem relevante Methoden zur Intelligenzdiagnostik auf.

Als erstes faktorenanalytisches Intelligenzmodell fungiert die Zwei-Faktoren-Theorie nach Spearman für eine Vielzahl an später entstandenen Intelligenztheorien als Grundlage. Heute sind besonders die Triarchische Intelligenztheorie nach Sternberg sowie das Modell der multiplen Intelligenzen nach Gardener in der Intelligenzforschung von Relevanz. Angepasst an die theoretische Weiterentwicklung des Intelligenzbegriffs werden neben dem IQ eine Reihe vielseitiger Intelligenzfaktoren im BIS-4 sowie im WAIS-IV zur Intelligenzdiagnostik erfasst. Alternativ bietet der nicht sprachgebundene CFT-20 R die Möglichkeit zur kulturunabhängigen Intelligenzmessung.

Die Forschungsarbeiten zum Konstrukt Intelligenz sind noch nicht abgeschlossen. Zwar konnten sich einige anerkannte Modelle in der Gesellschaft festigen, jedoch sind weitere empirische Untersuchungen zur Ermittlung eindeutiger Befunde notwendig.

Die Entwicklung von Intelligenzmodellen und Methoden zur Intelligenzdiagnostik ist von großer gesellschaftlicher Relevanz. Oftmals werden anhand der Intelligenzleistung einer Person bedeutende Entscheidungen getroffen, wie z. B. welcher weiterführende Bildungsweg eingeschlagen oder welches Berufsfeldes gewählt wird. Aufgrund dessen empfiehlt sich in jedem Fall die Auseinandersetzung mit der Thematik.

6. Quellenverzeichnis

V1: Literatur

- Beauducel, A., Jäger, A., Süß, H. (1997). *Berliner Intelligenzstruktur-Test.* Göttingen: Hogrefe.

- Eid, M., Petermann, F. (2006). *Handbuch der Psychologischen Diagnostik.* Göttingen: Hogrefe.

- Gerring, R. J. (2016). *Psychologie* (20. Aufl.). Hallbergmoos: Pearson.

- Gottfredson, L. S. (1997). Mainstream Science on Intelligence: An Editorial With 52 Signatories, History, and Bibliography. *Intelligence, 24 (1),* 13 - 23. New York: Ablex Publishing.

- Gruber, N., Tausch, A. (2015). CFT 20-R mit WS/ZF-R. Grundintelligenztest Skala 2 - Revision (CFT 20-R) mit Wortschatztest und Zahlenfolgentest – Revision (WS/ZF-R). *Report Psychologie, 40 (10),* 403 - 404. Berlin: Deutscher Psychologen Verlag.

- Neubauer, A., Stern, E. (2016). Intelligenz: kein Mythos, sondern Realität. *Psychologische Rundschau, 67 (1),* 15 - 27. Göttingen: Hogrefe.

- Weiß, R. H. (2006). *Grundintelligenztest Skala 2 - Revision (CFT 20-R) mit Wortschatztest und Zahlenfolgentest - Revision (WS/ZF-R).* Göttingen: Hogrefe.

- Wewetzer, K. (1984). *Intelligenz und Intelligenzmessung* (2. Aufl.). Darmstadt: Wissenschaftliche Buchgesellschaft.

V2: Internetquellen

- Petermann, F. (2012). *Wechsler Adult Intelligence Scale - Fourth Edition.* Abgerufen am 28.08.2019 von https://www.testzentrale.de/shop/wechsler-adult-intelligence-scale-fourth-edition.html.

- Rupp, C. (2019). *Intelligenz – Teil 3: Warum man nicht nur einen IQ hat und wir lange Zeit immer schlauer wurden.* Abgerufen am 25.08.2019 von https://psychotherapie-rupp.com/tag/wie-berechnet-man-den-iq/.

- Stangl, W. (2019). *Online Lexikon für Psychologie und Pädagogik.* Abgerufen am 24.08.2019 von (1) https://lexikon.stangl.eu/7569/triarchische-intelligenztheorie/. (2) https://lexikon.stangl.eu/7445/multiple-intelligenzen/. (3) https://lexikon.stangl.eu/testexperiment/testbsphawie.html.

- Technische Universität Dresden. (2019). *Intelligenzmodelle.* Abgerufen am 28.08.2019 von https://tu-dresden.de/mn/psychologie/ifap/differentielle-psychologie/ressourcen/dateien/lehrveranstaltungen/ss-2018/S.PP4/pvls/08_Intelligenztheorien_SA.pdf?lang=de.

Abkürzungsverzeichnis

BIS   Berliner Intelligenzstrukturmodell

BIS-4   Berliner Intelligenzstrukturmodell-Test, Version 4

CFT-20 R   Culture Fair Intelligence Test, Skala 2

g-Faktor   Generalfaktor der Intelligenz

IQ   Intelligenzquotient

s-Faktor   Spezifischer Faktor der Intelligenz

WAIS-IV   Wechsler Intelligenztest für Erwachsene